Kaninchen Horoskop 2024

Angeline A. Rubi und Alina A. Rubi

Unabhängig veröffentlicht

Einführung

Der chinesische Kalender ist uralt und komplex und wurde nie vereinfacht. Viele Kulturen haben den Mondkalender durch den Sonnenkalender ersetzt.

Der chinesische, islamische und hebräische Kalender richten sich nach den Mondphasen. Es ist ein kompliziertes System, da sie nicht nur von Mondzyklen bestimmt werden, sondern auch den Sonnenzyklus, den Jupiter- und den Saturnzyklus einbeziehen.

Die Chinesen sind der Ansicht, dass die universelle Energie durch ein Gleichgewicht bestimmt wird. Das Konzept von Yin und Yang ist der wichtigste Bestandteil dieses Gleichgewichts. Yin ist das Gegenteil von Yang und umgekehrt, aber zusammen ergeben sie ein völliges Gleichgewicht. Diese Energie findet sich in allem, was existiert, im Greifbaren und im Ungreifbaren.

Das Ying/Yang-Symbol ist in zwei Hälften geteilt, eine ist schwarz (Yin) und die andere weiß (Yang). Beide Teile sind in der Mitte durch eine Ellipse verbunden, die sie zu einer Kurve zusammenfügt. Ihre Farben, schwarz und weiß, bedeuten, dass es eine Dualität gibt und dass die Existenz des einen die Existenz des anderen unbestreitbar voraussetzt. Im Inneren des Yin befindet sich ein Yang-Kreis, der symbolisiert, dass Dunkelheit immer Licht erfordert. Innerhalb des Yang finden wir einen Yin-Kreis, der anzeigt, dass wir innerhalb des Lichts immer Dunkelheit finden werden.

Die Ellipse, die sie miteinander verbindet, bedeutet, dass alles fließt, sich wandelt und entwickelt. Wenn eine dieser beiden Energien, Yin oder Yang, im Ungleichgewicht ist, ist unser Leben nicht ausgewogen, denn gemeinsam stärken sie sich gegenseitig. Wir sollten nie denken, dass eine Energie der anderen überlegen ist, beide müssen gleichermaßen zusammenwirken.

Leider gibt es in unserer Gesellschaft die Tendenz, die Yang-Energie zu bevorzugen, weil wir glauben, dass ihre Eigenschaften die wichtigsten sind.

Dadurch schaffen wir eine Trennung zwischen der spirituellen und der materiellen Ebene, denn indem wir den Wert der Yin-Energie herabsetzen, sind wir weniger reflektierend und denken, dass Empfänglichkeit etwas Negatives ist, da sie Zerbrechlichkeit impliziert.

Das Gleiche geschieht mit der Dunkelheit, wir meiden sie nicht nur, sondern haben Angst vor ihr. Beide Energien sind wichtig. Wir können nur dann spirituelle Wesen sein, wenn es ein Gleichgewicht zwischen Yin und Yang gibt, denn du bist nicht nur Licht, sondern auch Dunkelheit.

Es ist ein Fehler, das Starke oder die Aktion zu schätzen und zu privilegieren. Wir müssen das

Weibliche und die Sensibilität schätzen und wertschätzen, denn nur so können wir das wahre Gleichgewicht unseres Wesens erreichen, aus einer Position der Liebe und der Festigkeit.

In den Zeichen des chinesischen Tierkreises sind die Yin- und Yang-Energie vorhanden, und sie sind es, die die Eigenschaften jedes Tieres und die mit ihnen verbundenen Elemente bestimmen.

Die Yin-Energie ist mit dem Dunklen, Kalten, Weiblichen, Abstrakten, der Tiefe und dem Mond verbunden. Yin-Zeichen sind nachdenklich, sensibel und neugierig. Sie sind der Ochse, der Hase, die Schlange, die Ziege, der Hahn und das Schwein.

Die Yang-Energie ist mit Licht, Wärme, Oberflächlichkeit, der Sonne und logischem Denken verbunden. Es sind impulsive und materialistische Zeichen. Sie sind Ratte, Tiger, Drache, Pferd, Affe und Hund.

Die Yin- und Yang-Energien sind mit den Elementen verbunden, die sich wiederum aus den

Jahren ableiten, in denen sie auftreten. Jedes Element verfügt über Yin- und Yang-Energie.

- Die Jahre, die auf die Zahl **0** enden, haben das Element Metall und sind mit der Yang-Energie verbunden.

-

- Die Jahre, die mit der Zahl **1** enden, haben das Element Metall und sind mit der Yin-Energie verbunden.

-

- Jahre, die auf die Zahl **2** enden, haben das Element Wasser und sind mit der Yang-Energie verbunden.

-

- Jahre, die auf die Zahl **3**enden, haben das Element Wasser und sind mit der Yin-Energie verbunden.

-

- Die Jahre, die mit der Zahl **4** enden, haben das Element Holz und sind mit der Yang-Energie verbunden.

-

- Jahre, die auf die Zahl **5** enden, haben das Element Holz und sind mit der Yin-Energie verbunden.
- Die Jahre, die mit der Zahl **6** enden, haben das Element Feuer und sind mit der Yang-Energie verbunden.

-

- Jahre, die mit der Zahl **7** enden, haben das Element Feuer und sind mit der Yin-Energie verbunden.

-

- Die Jahre, die mit der Zahl 8 enden, haben das Element Erde und sind mit der Yang-Energie verbunden.

-

- Die Jahre, die mit der Zahl **9** enden, haben das Element Erde und sind mit der Yin-Energie verbunden.

Allgemeine Vorhersagen für das Jahr des Drachen

Am 10. Februar 2024 beginnt das aufsehenerregende Jahr des grünen Holzdrachen, und nach der chinesischen Astrologie symbolisiert Grün Leben, Veränderung und Wachstum.

Der zugehörige Planet ist Jupiter, ein Planet, der nützlich ist; wir werden die gesäten Früchte im Jahr 2023 ernten.

Das Jahr des Drachen 2024 wird uns Glück, Wohlstand, Wohlergehen und Fortschritt bringen. Wir werden viele Möglichkeiten für Wachstum und Transformation haben, aber auch

Herausforderungen und Komplikationen, die die Notwendigkeit von Vergebung, Einfühlungsvermögen und friedlichen Entscheidungen betonen.

In den Jahren, in denen das Element Holz ist, belohnt das Leben Menschen, die gesellig und professionell sind. Die Erlangung eines Abschlusses oder Reisen sind einige der Möglichkeiten in diesem Jahr.

Wir werden die Gelegenheit haben, unsere Führungsqualitäten zu entwickeln, dies ist ein Jahr für Neuanfänge und um Strukturen zu schaffen, die langfristig Bestand haben. Dieses Jahr des Drachen ist günstig für Veränderung und Wachstum, denn die Energie des hölzernen Drachens besitzt die Fähigkeit, innovative Ideen zu inspirieren und unsere Vorstellungskraft zu beflügeln.

Wir werden einige Phasen erleben, die voller Schwierigkeiten sein werden, aber das sind die Momente, in denen wir die Drachenenergie nutzen müssen, um erfolgreich zu sein und die Herausforderungen zu überwinden.

Vergessen Sie im Laufe des Jahres nicht, dass der Drache den Wandel und die Anpassungsfähigkeit verkörpert, Eigenschaften, die uns helfen werden, zu wachsen und uns zu erneuern.

Das Jahr 2024 wird ein arbeitsreiches Jahr mit vielen Entwicklungsmöglichkeiten sein. Wir werden viele politische, wirtschaftliche, Beziehungs- und Umweltkonflikte erleben, die deutlich machen, dass friedliche Lösungen die Antwort auf jedes Problem sind.

Dieses Jahr wird uns dazu anregen, neue Geschäfte zu machen und uns in der unternehmerischen Welt weiterzuentwickeln, denn die Energie des Drachen und seine Eigenschaften, mutig und ehrgeizig zu sein, werden uns inspirieren.

 Wir werden viele Anpassungsfähigkeiten entwickeln, und Geduld und Ausdauer werden es uns ermöglichen, alle Widrigkeiten zu überwinden und zum Erfolg zu gelangen.

Dies ist auch ein günstiges Jahr, um an unserem geistigen Wachstum zu arbeiten; es ist besonders wichtig, dass wir unsere Ziele im Auge behalten.

Zusammenfassend lässt sich sagen, dass es ein Jahr mit positiven Veränderungen und bedeutenden Fortschritten in unserem Leben sein wird, in dem wir die Möglichkeit haben werden, Liebe zu finden, eine Beziehung zu stärken und wirtschaftlichen und geistigen Wohlstand zu haben.

Ursprung des chinesischen Horoskops

Das chinesische Horoskop hat eine mehr als 5000 Jahre alte Tradition und basiert auf dem Mondjahr.

Der Legende nach rief Buddha alle Tiere, doch nur zwölf folgten seiner Aufforderung in folgender Reihenfolge: die Ratte, der Ochse, der Tiger, das Kaninchen, der Drache, die Schlange, das Pferd, die Ziege, der Affe, der Hahn, der Hund und das Schwein.

Jedes Tier erhielt ein Jahr geschenkt und bildet den Zwölfjahreszyklus, der in der chinesischen Astrologie verwendet wird. Daher hat jedes Zeichen den Namen eines Tieres, und jedem Tier entspricht ein Jahr.

Jedem Tier wurde außerdem eines der fünf Elemente zugeordnet, die den planetarischen Energien entsprechen:

- Wasser (Planet Merkur)
- Metall (Planet Venus)
- Feuer (Planet Mars)
- Holz (Planet Jupiter)
- Erde (Planet Saturn)

Das chinesische Horoskop drückt die Analogie der kosmischen Energien bei jedem Menschen aus. Aus diesem Grund wird die Energie jedes Menschen durch eines der zwölf Tiere repräsentiert, die dieses Tierkreiszeichen-System bilden.

Jedes Tier und die Energie, die Ihnen entspricht, werden durch Ihr Geburtsdatum bestimmt. Diese

Energien bestimmen dein Verhalten und wie du die Welt wahrnimmst. Für die Chinesen symbolisieren diese Zeichen die bemerkenswertesten Eigenheiten unseres Charakters. Um die Bedeutung der Tiere richtig zu verstehen, müssen wir sie als spirituelle Symbole sehen.

Das chinesische Horoskop basiert nicht auf dem Sonnenzyklus, auf dem das westliche Horoskop basiert. Es basiert auf den Zyklen des Mondes. Jedes Mondjahr hat zwölf neue Monde und alle zwölf Jahre einen dreizehnten, daher fällt ein neues Jahr nie mit dem Datum des Vorjahres zusammen.

Die zwölf Tiere des chinesischen Horoskops beeinflussen das Leben, das Glück und den Willen eines jeden Menschen.

 Diese Qualitäten treten im täglichen Leben nicht offen zutage, aber sie sind immer präsent und wirken in Form von verborgenen Kräften.

Die chinesische Zwölfjahresperiode ist mit dem Transit des Planeten Jupiter verbunden, und jedes chinesische Mondjahr entspricht in der westlichen Astrologie der Länge des Jupiter-Transits durch ein Tierkreiszeichen.

Jupiter steht in der westlichen Astrologie immer in dem Zeichen, das traditionell dem Tier im chinesischen Horoskop entspricht.

Chinesisches Element des Jahres 2024, Holz

Das Element des Jahres 2024 ist Holz. Holz ist ein kreatives Element. Wenn dieses Element aufgrund deines Geburtsjahres auf dich zutrifft, solltest du diese Energien kreativ kanalisieren.

Holz symbolisiert Mitgefühl und Toleranz. Wenn Sie sich diese Energien zunutze machen wollen, ist es wichtig, sich das ganze Jahr über mit natürlichen Pflanzen, Blumen und grünen Gegenständen zu umgeben.

Holz ist ein Element, das mit der Fähigkeit zu projizieren und Entscheidungen zu treffen zusammenhängt, daher wird das Jahr 2024 ein Jahr der Entwicklung, der Evolution und des Gedeihens sein.

Dieses Element steht in Verbindung mit Verdauung, Atmung, Herz und Stoffwechsel und sorgt in der traditionellen chinesischen Medizin für einen kontinuierlichen Energiefluss. In Bezug auf die Gefühle bedeutet dies, dass wir unsere Emotionen richtig ausdrücken.

Holz wird uns im Jahr 2024 helfen, Bewusstsein und Verständnis für die objektive Realität zu gewinnen. Es wird uns Festigkeit und Einfühlungsvermögen in unseren Beziehungen bringen.

Holz, das mit unserer Persönlichkeit zusammenhängt, bringt uns die richtige Dosis an Enthusiasmus, Entschlossenheit und Dynamik, damit wir handlungsfähig sind und uns allen Herausforderungen dieses Jahres stellen können.

Holz ist das Element, das wir in diesem Jahr brauchen, um die notwendigen Entscheidungen treffen zu können, für Veränderungen, die wesentlich sind.

Dank dieses Elements werden wir über die richtigen Strategien und die Fähigkeit verfügen, alle Prozesse zu organisieren und zu kontrollieren, aber wir werden auch flexibel bleiben.

Obwohl dies das Element des Jahres 2024 ist, müssen Sie, wenn Sie ein Unternehmen haben und wollen, dass es floriert und wirtschaftlichen Wohlstand hat, die anderen Elemente berücksichtigen.

Im Geschäftsleben ist **das Element Wasser das** wichtigste Element, denn es steht für Überfluss, Reichtum, Macht und die Fähigkeit, sein Geld zu verwalten, anzuhäufen und zu sparen.

Wasser darf nicht stagnieren. Es sollte nicht in einer Vase stehen, wenn das Wasser nicht jeden Tag gewechselt wird, denn wenn es stagniert, wird der Gewinn geschmälert und die Kunden vergrault.

Wasser muss fließen, damit Geld fließen kann. Wenn Sie ein Schwimmbad haben, muss es gereinigt werden, und wenn Sie einen Springbrunnen haben, muss er den Zyklus von Eintritt und Austritt dieses einen erfüllen. In einem Fischbecken muss es sich bewegen und mit Sauerstoff angereichert werden. In den Leitungen muss es fließen, mindestens einmal am Tag muss man es fließen lassen, indem man den Hahn öffnet.

Jedes Unternehmen muss das Element Wasser in Bewegung halten, sonst kann es keine Waren anhäufen oder sich weiterentwickeln.

Selbst wenn es sich nur um ein kleines Aquarium oder einen Behälter handelt, bei dem das Wasser täglich gewechselt wird.

Das Wasser sollte sich am Eingang des Unternehmens oder in der Nord- oder Nordwest-Zone des Unternehmens befinden, wo das Geld aufbewahrt wird oder wo die Verwaltung des Unternehmens stattfindet.

Das Element Feuer sollte in einem Unternehmen im Süden des Gebäudes platziert werden.

Sie kann am Eingang, am Ende oder an den Seiten des Gebäudes angebracht sein. Wenn es sich aber um ein Lebensmittelgeschäft handelt, kann es überall sein.

Feuer symbolisiert Beliebtheit und die Art von Überfluss, die sich nicht anhäuft, daher muss Wasser auf der gegenüberliegenden Seite des Feuers verwendet werden, denn Feuer zieht Kunden an, und Wasser erhält den wirtschaftlichen Fluss aufrecht.

Das Element **Erde** ist ursprünglich, denn es ist die Basis, auf der alles aufbaut.

Zwei verzierte Gefäße mit Trockenblumen oder ein Steinsockel können das Element Erde symbolisieren.

Die Erde muss in der Konstruktion vorhanden sein, aber auch in der Mitte des Raumes, oder im Südosten gelegen, weil es ist, wo es sich am besten ausdrückt. Erde gibt Sicherheit, muss aber von Feuer im Süden und Wasser im Norden begleitet werden.

Die Erde ist stabil, formbar und das Spiegelbild des gesamten Planeten.

Wenn Sie ein Unternehmen gründen wollen, um zu überleben, genügt es, sich um das Element Erde zu kümmern.

Das Metallelement ist sehr dynamisch und aktiv, mit vielfältigen Möglichkeiten im Geschäftsleben.

 In der Vergangenheit wurde Metall in China als Gold angesehen.

Das Element Metall steht für Stärke und Macht, Kontinuität, Sicherheit und Reichtum,

Seine Position ist West, und vergessen Sie nicht, dass Metall stärkt, jedes Geschäft Eintritt und Austritt Position, zusammen mit dem Kristall.

Das Element Holz ist trotz seiner Zerbrechlichkeit die Grundlage der Konstruktion.

Holz sollte im Osten des Geschäfts platziert werden, aber es ist ratsam, es diametral zum Metall zu platzieren.

Metall im Westen, Holz im Osten, Feuer im Süden, Wasser im Norden und Erde in der Mitte, so dass Ihr Unternehmen immer erfolgreich sein wird.

Die Bedeutung der Elemente im chinesischen Horoskop

Element Metall

Menschen, die in den Jahren geboren sind, die im chinesischen Horoskop auf 0 oder 1 enden, werden dem Metallelement zugeordnet. Metall, das Material, aus dem Schilde und Schwerter hergestellt werden, ist das Element, das Festigkeit und Ehrlichkeit, aber auch Strenge symbolisiert.

Metall ist das Element des Herbstes, der Jahreszeit der Ernte und des Überflusses. Es ist dual wie die Funktionen seines Elements, denn in Form eines Schwertes verflüssigt es, und als Löffel nährt es. Metall kommt aus der Erde, wird vom Feuer beherrscht und verklärt Holz.

Die Persönlichkeit dieser Personen, die dem Metallelement angehören, ist in der Regel sehr ambivalent. Am besten geht es ihnen, wenn sie allein sind, da sie niemandem Rechenschaft ablegen müssen.

Sie sind entschlossen, bestimmen ihr Schicksal selbst, sind stur, professionell und gleichgültig gegenüber jedem Versuch eines Kompromisses. Ihre Freiheit steht an erster Stelle, und es ist sinnlos, sie unter Druck zu setzen, geschweige denn ihnen zu helfen, denn sie hören auf niemanden und akzeptieren keine Einmischungen und Behinderungen. Sie verlassen sich nur auf sich selbst und lassen sich von niemandem beeindrucken, denn sie sind mächtig und fähig, Großes zu leisten.

Für sie gibt es keine Schwierigkeiten, die sie aufhalten können, und selbst wenn eine Situation unhaltbar wird, leisten sie bis zum Ende Widerstand. Sie sind ehrgeizig und berechnend, sie lieben Geld, Macht und Erfolg und werden keine Mittel scheuen, um ihre Ziele zu erreichen, auch wenn das bedeutet, dass sie Beziehungen zerstören.

Sie eignen sich für Berufe, in denen sie ihr Element zum Ausdruck bringen können: Juweliere, Finanziers, Versicherungen jeglicher Art, Schlosser, Bergleute, Chirurgen, und für alle Bereiche, in denen sie sich von anderen unterscheiden können. Sie können auch in Berufen erfolgreich sein, die mit Holz oder Papier zu tun haben. Berufe, die mit Wasser zu tun haben, sind vorteilhaft, Berufe, die mit Erde zu tun haben, können zu Konflikten führen, und von Berufen, die mit dem Element Feuer zu tun haben, sollten sie sich fernhalten.

Sie sind nicht an Gefühlen interessiert und lassen sich von den Schwierigkeiten anderer nicht beeindrucken, bis hin zur Manipulation, wenn sie sich einen Vorteil verschaffen können. Die Leidtragenden sind vor allem die Menschen des Holzelements, da es sie mit Frontalangriffen manipuliert und unterdrückt. Die Menschen des Wasserelements hingegen erhalten, da sie empfänglich sind, einen wirksamen Schub, der ihnen enorm zugutekommt. Die einzigen, die sie wirklich beugen können, sind die Menschen des Feuerelements, denn sie beherrschen ihre Unempfindlichkeit und Strenge mit einer ansteckenden Emotion.

Körperlich erkennt man einen Menschen des Metallelements an seinem traurigen Blick und der blutarmen Gesichtsfarbe. Sie sind zerbrechlich, anfällig für Stress und können durch Temperaturschwankungen und schlechte Ernährung beeinträchtigt werden. Deshalb sollten sie ihren Appetit anregen, wobei würzige Speisen im Vordergrund stehen sollten.

Die günstigste Jahreszeit für sie ist der Herbst, und während dieser Zeit können sie ihre Fähigkeiten maximal entwickeln, was jedoch nicht bedeutet, dass sie es übertreiben oder stur sein sollten. Er sollte weiße Kleidung tragen, Metalle und weißen Quarz als Amulette verwenden.

Metall ist starr und unnachgiebig und hat keine Angst vor Gefahren. Es ist eine unabhängige Art von Person, die von Gier getrieben, geht mit Ausdauer, konzentriert sich auf den Erfolg, Pläne, und verabscheut die spontane.

Wenn es einmal einen Weg eingeschlagen hat, ändert es ihn nicht mehr. Trotz ihrer äußeren Unempfindlichkeit strahlen Menschen dieses Elements eine Anziehungskraft aus, die von allen wahrgenommen wird, mit denen sie in Verbindung stehen. Um von ihren Fähigkeiten zu profitieren, müssen sie jedoch lernen, weniger dogmatisch zu sein, da dies ihre Beziehungen beeinträchtigt.

Menschen, die im Metallelement geboren sind, müssen sich erziehen, damit sie ihre Gefühle ausdrücken können. Wenn sie dies nicht tun, werden sie das Gefühl haben, dass ihre Energien vermindert sind.

Element Erde

Menschen, die in den Jahren geboren sind, die auf die Zahlen 8 oder 9 enden, gehören dem Erdelement an. Diesem Element entsprechen die Eigenschaften der Standhaftigkeit, der Ausdauer und der Fruchtbarkeit. Obwohl die Erde in der chinesischen Astrologie keine eigene Jahreszeit hat, ist sie im Kalender mit den letzten zwei oder drei Wochen der anderen Jahreszeiten verbunden.

 Erde ist das Element, das für Stabilität und Greifbarkeit steht, aber bei einem Übermaß verwandelt es die Menschen in vorsichtige, misstrauische und starrköpfige Menschen und schränkt ihre Initiativen und Fantasien ein.

Der Mensch des Erdelements ist geduldig und bescheiden, arbeitet immer mit Beständigkeit, ohne sich einen Augenblick der Freude oder Unordnung zu gönnen. Er wird nie müde und kann ebenso eifrig und materialistisch wie naiv und umsichtig sein. Sein unbestreitbarstes Merkmal ist seine ausgeprägte Entmutigung. Er ist zu ernst, liebt es zu planen und zu lenken, ist entsetzt über Zufälle, und obwohl er intelligent ist und ein außergewöhnliches Gedächtnis hat, stört es ihn, glanzvoll zu erscheinen.

Sie ist unersättlich nachdenklich, ehrgeizig und ängstlich und damit der Gefahr ausgesetzt, die Milz aufzuladen, ein Organ, das mit diesem Element zusammenhängt und das geschwächt ist, wenn der Mensch eine scharfe Mentalität hat.

Die Person, die zu diesem Element gehört zementiert persönliche Beziehungen allmählich, sondern hält für eine lange Zeit. Es ist sehr hingebungsvoll und Verteidiger in der Liebe, immer bereit, Vertrag und erfüllen ihre Verantwortung, und obwohl es nicht demonstrativ in ihren Gefühlen ist eine Schulter, die immer aufgezählt werden kann, weil es an Ihrer Seite in den Momenten, die Sie brauchen es sein wird.

In ihrer Arbeit sind sie seriös und zurückhaltend, aber auch organisiert und verlässlich. Sie sind die richtigen Leute, um Geschäfte mit Moral, Strenge und feuerfester Ehrlichkeit zu führen. Ihr Verstand macht sie zu unschlagbaren Vermittlern in den Problemen, die mit ihren eigenen praktischen und günstigen Ausgängen dazu beitragen. Sie sind für Berufe geeignet, die Geschicklichkeit erfordern, aber keine Initiative oder Führungsaufgaben beinhalten.

Obwohl sie wegen ihrer Launenhaftigkeit und Nostalgie und ihrer Unfähigkeit, fröhlich zu sein, nicht leicht zu ertragen ist, verbindet sie sich gut mit dem Metallelement, dem sie Stabilität verleiht, und mit dem Wasser, das sie geschickt zu bändigen und zu lenken weiß.
Es hat normalerweise Konflikte mit dem Holzelement, da es zwar schützt, aber manchmal

auch erstickt, und mit dem Feuer, das es sowohl antreibt als auch schwächt.

Das Erdelement ist mit dem Planeten Saturn verbunden. Sie müssen unglaublich vorsichtig mit dem Verzehr von Süßigkeiten sein, etwas, das Sie lieben, da es mit Ihrem Element verbunden ist. Sie sollten immer die natürliche Süßigkeit wählen und die Verwendung von weißem Zucker begrenzen, da dieser das Kalzium in ihrem Knochensystem zerstört. Sein anderer Schwachpunkt ist das Verdauungssystem, das ihn in der Regel stark bestraft, deshalb sollte er eine leichte und leicht verdauliche Ernährung einhalten. Es wird empfohlen, dass sie den direkten Kontakt mit Mutter Erde suchen, indem sie barfuß im Sand oder auf dem Feld laufen.

Seine Glücksfarbe ist gelb, und sein Quarz ist Topas und Citrin.

Die Erde steht für Wohlstand, Vernünftigkeit, Materialismus und Sicherheit. Diese Menschen neigen dazu, introspektiv zu sein, was ihnen eine große Fähigkeit zum Denken verleiht. Die Erde ist das Gefäß des Lebens und diese Siegel der unauslöschlichen Form zu denen unter dem Einfluss dieses Elements geboren, da sie stabile Menschen, in denen Sie delegieren können, sind.

Die Erde nährt sich vom Feuer und erzeugt eine große Energie, die Metall erhitzt und schmilzt, Wasser bändigen und von Holz verzehrt werden kann.

Um sich wohlzufühlen, braucht der Mensch des Erdelements materielle Sicherheit, obwohl er fleißig, formal und organisiert ist. Man kann ihnen vorwerfen, dass sie anmaßend sind, aber aufgrund ihrer Verdienste gehen sie langsam auf ihre Ziele zu und erzielen stabile Ergebnisse.

Element Feuer

Menschen, die in den Jahren geboren sind, die auf 6 oder 7 enden, entsprechen dem Feuerelement. Zu diesem Element gehören Leidenschaft, Mut und Führung. Das Feuerelement ist das Element der Sommersaison, in der alles seine Früchte trägt und seine Vollendung findet. Es ist mit dem Planeten Mars verbunden, der wohltuend, aber manchmal impulsiv ist. Es ist übermäßig steril und symbolisiert die Person, die sich auszeichnet, aber auch andere schlecht behandelt. Kämpferisch, eitel und reizbar, geht die Person dieses Elements von Wut zu ungezügelter Freude über.

Seit seiner Kindheit hat er eine
Führungspersönlichkeit, Ehrgeiz ist in seinem
Leben präsent, er liebt Gefahren, Lachen,
Begeisterung und Konflikte. Schwierigkeiten
entmutigen ihn nicht, sondern spornen ihn an,
weiterzumachen, und in diesen Fällen durchläuft
er eine heftige Metamorphose.

Diese Menschen wurden geboren, um zu
gewinnen, aber sie wissen nicht, wie sie es
zugeben sollen, weil sie es nicht schaffen, sich
selbst zu beobachten und ihre Energien zu
nutzen. Sie sind großartig im militärischen
Bereich, im Sport und als Chefs, da die anderen
vor ihrem Charisma untergehen. Sie verstehen es,
die Energien des Holzelements zu nutzen, indem
sie ihre Genialität in den Dienst ihrer Sache
stellen und in den Menschen des Erdelements den
lebenswichtigen Mut zum Vorwärtskommen
wecken.
Menschen, die dem Wasserelement angehören,
neigen dazu, ihre Leidenschaft auszulöschen, und
Menschen, die dem Metallelement angehören,
stellen sie mit einer Starrheit auf die Probe, die
ihr Energiefeld auslaugt.

Das am leichtesten geschädigte Organ bei diesen Menschen ist das Herz, es besteht die Möglichkeit einer Tachykardie. Darüber hinaus können sie unter Ohren- und Darmproblemen leiden. Sie sollten Kleidung in hellen Farben tragen, unter denen Rot überwiegt, und als Amulette Quarze wie Granate und Hämatit verwenden. Sie sollten auch Weihrauch und Kerzen verwenden.

Diese charismatischen, enthusiastischen und opportunistischen Menschen kommunizieren gut und sind handlungsorientiert. Ihr Egoismus und ihr Wunsch nach Erfolg sind unberechenbar und sie verlassen sich nur auf ihre eigenen Ansichten. Sie neigen dazu, Details zu vernachlässigen, da sie manchmal stur sind und sich Ziele vornehmen, die intensive Arbeit erfordern.

Menschen, die unter dem Einfluss des Feuerelements geboren sind, sind positiv, geben immer ihr Bestes und engagieren sich in allem, was sie tun, mit Liebe und Willen. Ihre Energien dienen dazu, diejenigen um sie herum zu unterstützen, denen es daran mangelt.

Das Feuer heizt das Haus, es ermöglicht uns die Zubereitung von Speisen. Dieses Element nährt die Erde durch die Asche, es ernährt sich von trockenem Holz, d.h. von Holz, seine Hitze beherrscht das Metall, d.h. sie macht es biegsam, und es kann nur von Wasser beherrscht werden.

Eine Führungspersönlichkeit hat immer ein Übermaß an Feuerelementen und neigt dazu, schnelle Entscheidungen zu treffen. Er fühlt sich zu unkonventionellen Ideen hingezogen, hat keine Angst vor Gefahren und ist immer in Bewegung. Es ist wichtig, dass er emotionale Intelligenz erlernt, denn Arroganz kann seinen Egoismus verstärken und ihn unkontrollierbar machen, insbesondere wenn er auf Hindernisse stößt. Dieser selbstzerstörerische Stil ist in der Jugend besonders ausgeprägt.

Der Erfolg begleitet die Menschen des Feuerelements, aber sie müssen übermäßig vorsichtig mit Instabilität und Unruhe sein, die

die häufigsten Unzulänglichkeiten der unter
Feuer Geborenen sind. Es ist besser, diese Fehler
zu beherrschen, um nicht von ihnen versklavt zu
werden. Sie sollten sich einen ruhigen Ort
suchen, an dem sie in Frieden leben können, und
auch Meditation wird sie ins Gleichgewicht
bringen.

Menschen mit dem Feuerelement sind
hartnäckig und lukrativ.

Element Holz

Menschen, die in den Jahren geboren sind, die auf die Zahlen 4 oder 5 enden, gehören dem Element Holz an. Holz ist das Element, das Harmonie, Schönheit und Kreativität symbolisiert. Sie haben ein hohes Maß an Selbstvertrauen und einen eisernen Willen, was sie zu den richtigen Menschen macht, um für eine gerechte Sache zu kämpfen.

Holz ist mit dem Planeten Jupiter verbunden, es ist das wohltuendste der Elemente, Symbol für Beständigkcit und Wissen. Es ist anpassungsfähig, lässt sich gut biegen und ist vielseitig einsetzbar. Es charakterisiert kommunikative, großzügige und ehrliche Menschen.

Menschen mit dem Holzelement sind kreativ und vital, aber manchmal sind sie zerstreut und nicht in der Lage, ihren Weg zu finden und ihre Ziele zu erreichen. Sie vertrauen anderen bis hin zur Unschuld, sind gerne mit allen zusammen und entdecken immer neue Dinge, die sie preisgeben und sich selbst befriedigen können. Sie fühlen sich zur Natur und zu Kindern hingezogen und geben der Familie den Vorrang.

Gelegentlich neigen sie dazu, unrealistische Erwartungen zu stellen, ihren Körper herabzusetzen, zu viel zu essen und sich in Leidenschaft und Sinnlichkeit zu verlieren.

Sie sind daran gewöhnt, Partner aus dem Wasserelement zu wählen, von denen sie Mut und Unterstützung erhalten, und solche aus dem Feuerelement, die sie mit ihren brillanten Ideen unterstützen.

Es verträgt sich nicht sehr gut mit dem Metallelement, das es gnadenlos zerstört.

Das Element Holz erkennt man an seiner grünlichen Farbe. Diese Menschen sollten sich um ihre Augen kümmern.

Holz wird verwendet, um Unterkünfte zu bauen, weshalb es uns schützt. Holz deckt sich mit der Kreativität des Wassers, und dank dieser Eigenschaft verstehen und helfen sie anderen.

Diejenigen, die unter dem Holz-Element geboren sind, haben innere Konflikte, um sich Regeln und Traditionen zu unterwerfen, wo strenge Urteile ständig in Kraft sind. Dieses Element nährt das Wasser und ist gleichzeitig Brennstoff für das Feuer. Seine Energie wird von der Erde aufgesaugt und vom Metall unterjocht.

Menschen des Elements Holz erringen immer große Erfolge und haben eine begehrte Struktur. Ihre Berufe sind vielseitig. Sie legen großen Wert auf Integrität und streben danach, einen festen Platz im Leben zu finden. Der Glaube an den Erfolg und ihre analytischen Fähigkeiten geben ihnen die Fähigkeit, auch die komplexesten Probleme ohne Zögern anzugehen. Mit einer unglaublichen Überzeugungskraft agieren sie in vielen Bereichen, da sie stets auf Entwicklung und Veränderung abzielen.

Ihr natürlicher Wille hilft ihnen, voranzukommen, und sie finden immer Unterstützung und das nötige Kapital, da andere Menschen auf ihre Fähigkeit zählen, Ideen in Wohlstand zu verwandeln.

Sein Haupthindernis besteht darin, die Dinge auf die Spitze zu treiben. Wut und kontrollierte Wut wirken sich negativ auf die Energien dieses Elements aus. In der Nähe von Bäumen zu sein und sie zu berühren, gleicht das Holzelement aus.

Bei der Arbeit sind Menschen, die dem Holzelement angehören, geordnet, intelligent und einfallsreich. Bei kommerziellen Aktivitäten sind sie fruchtbarer, wenn die Arbeit in Teamarbeit erfolgt und gut strukturiert ist.

Kein Arbeitsbereich, der mit ihrem Element zu tun hat, ist ungünstig, aber diejenigen, die mit Feuer zu tun haben, können sie beeinträchtigen, und diejenigen, die mit Metall zu tun haben, werden sie ruinieren.

Element Wasser

Das unempfindlichste und gefühlloseste Element, das mit dem Winter, der Langlebigkeit und dem Planeten Merkur verwandt ist, ist der Herrscher der Kommunikation und der tiefen Zuneigung.

Ein Mensch des Wasserelements ist sensibel, aber hermetisch. Er ist barmherzig, sentimental und zerbrechlich, hasst Kritik und entscheidet sich deshalb, im Verborgenen zu handeln, um sich zu schützen. Er ist herzlich, wortgewandt und gleichzeitig besonnen und versteht es, Rückschläge zu überwinden, ohne sich aufzuspielen, mit List, Scharfsinn und Beharrlichkeit. Auf diese Weise erreicht er seine Ziele indirekt und im Stillen, wobei er den

Eindruck erweckt, rücksichtsvoll und verständnisvoll zu sein.

Energiemangel ist ein Problem für das Wasserelement, wenn es nicht lernt, seine Hilflosigkeit mit der Kraft auszugleichen, die aus der Reflexion und der Kommunikation mit den tiefsten Teilen seines Wesens kommt. Panik ist immer die Leitschnur seines dramatischen Lebens, das oft in der Dunkelheit gelebt wird, aus Angst, sich zu zeigen und zu kämpfen.

Auf beruflicher Ebene ist er durch den Wettbewerb gehemmt, aber er leistet gute Arbeit an klaren und geschützten Orten wie Schulen, Buchhandlungen, Redaktionen oder überall dort, wo die Kommunikation, mündlich oder schriftlich, der primäre Mechanismus ist, und in der Gesellschaft von friedlichen Kollegen, die zu seiner Persönlichkeit passen, wie z.B. jemand vom Holzelement, mit dem der Wunsch nach Weisheit zusammenfällt, oder vom Metallelement, von dem er Entscheidungen erhält. Umgekehrt passt er sich weder an das Feuerelement an, das er auslöscht und entmutigt, noch an Personen, die dem Erdelement angehören, bei denen er sich eingeschränkt, konditioniert und behindert fühlt.

Die schwarze Farbe ist diejenige, die sie begünstigt, aber sie sollten es mit Mäßigung verwenden, weil es dazu neigt, sie zu entmutigen. Das gleiche geschieht mit dunklem Quarz, die Glück anziehen, wie Jet, Onyx und Turmalin. Um das Beste aus seinen Qualitäten zu machen, ohne in die Extreme zu gehen, und um Streuung zu vermeiden, sollte die Person des Wasserelements seine Pläne im Winter beginnen.

In positiven Perioden vermitteln die Liebesbeziehungen dieses Elements Zärtlichkeit, Gleichmut und Vorsicht, Potentiale, die es ihnen ermöglichen, sich mit der nötigen Klugheit zu verhalten, um die Ursachen ihrer Konflikte zu beseitigen, wenn sie auftreten.

Sie haben ein unglaubliches Denkvermögen, obwohl ihre zurückhaltende, tiefe und trübe Persönlichkeit sie zu Melancholie neigen lässt.

Sie zeigen auch Mangel an Sicherheit und Kühnheit. Kreativität ist eine der Haupteigenschaften, die dieses Element repräsentiert, ebenso wie Anpassung, Sanftmut, Barmherzigkeit und Mitgefühl. Ohne Wasser gäbe es keine Lebewesen auf der Erde, dieses Element ist rein und kristallin, Eigenschaften, die diejenigen haben, die zu diesem Element gehören.

Menschen, die diesem Element angehören, sind leutselig und haben einen wunderbaren Einfluss auf andere. Sie haben eine originelle Intuition, die es ihnen ermöglicht, schnell zu erobern. Ausdauer und Klarheit geben ihnen die Möglichkeit, Ereignisse vorherzusagen.

Sie können die Fähigkeiten anderer wahrnehmen und sie wirksam inspirieren, aber sie sind diskret und lassen andere nicht merken, dass sie sie nutzen.

Der Missbrauch von Natrium oder Alkaloiden und Lebensprototypen, die von den üblichen Strukturen abweichen, sind sehr schädlich für Menschen, die im Wasserelement geboren sind. Die Einhaltung der Schlafzeiten, die Aufrechterhaltung einer entspannten geistigen und emotionalen Gesundheit und der Kontakt mit Wasser stellen ihre Harmonie wieder her und optimieren ihre Energien.

Diejenigen, die einem Wasserelementzeichen angehören, können Berufe ergreifen, die mit Holz und Feuer zu tun haben, und erfolgreich sein, Berufe ausüben, die mit ihrem eigenen Element zu tun haben, und Berufe, die mit Erde zu tun haben, ablehnen, da Erde das Wasser unterdrückt.

Kompatibilität und Inkompatibilität

Sie sind kompatibel:

Ratte - Drache - Affe.

Sie stehen in Beziehung zueinander durch ihre
Persönlichkeiten, die stets aktiv und freundlich
sind. Alle drei sind fleißig, ungeduldig,
enthusiastisch und rastlos und haben stets hohe
Ziele vor Augen. Sie stecken voller Ideen, haben
die nötige Ausdauer und den Mut, sie umzusetzen
und bringen immer wieder innovative,
unerwartete, überraschende und kraftvolle
Lösungen hervor.

Tiger - Pferd - Hund.

Sie sind durch die Zufriedenheit verbunden, die
sie empfinden, wenn sie zusammenarbeiten. Sie
sind durch ihre Bescheidenheit, ihre Würde, ihre
Ehrlichkeit und ihren hartnäckigen Altruismus
miteinander verbunden. Einfühlsam, scharfsinnig
und kommunikativ, wenn auch ein wenig
gewalttätig und streng, kämpfen sie energisch
gegen Ungleichheiten, Gewalt und Illegalität.
Diese drei Zeichen verkaufen niemals ihr
Gewissen.

Ochse - Schlange - Hahn.

Diese drei Zeichen eint ihre Förmlichkeit, ihre
Vernunft und die Ernsthaftigkeit, die sie in ihrem
Leben erreichen. Sie sind energisch,
unternehmungslustig und unermüdlich,
unnachgiebig in ihren Entschlüssen, sie
überdenken und planen gerne in Ruhe, bevor sie

Verpflichtungen eingehen, die sie später bereuen würden.

Ihr Manko ist die Kälte, denn für sie muss die Vernunft über die Gefühle siegen.

Kaninchen - Ziege - Schwein.

Drei emotionale Zeichen, die auch durch ihre Kreativität verbunden sind. Instinktiv, anfällig, sensibel und zurückgezogen, passen sie sich leicht an ihren Lebensraum an, und als gute Profiteure haben sie nichts dagegen, von anderen abhängig zu sein. Ihre täglichen Aussagen beinhalten immer die Worte: Perfektion, Allianz und Konformität.

Hinweis: Gegenüberliegende Zeichen sind gegenüberliegende Feinde:

Ratte -Pferd

Ochse - Ziege

Tiger - Affe

Kaninchen - Hahn

Drache - Hund

Schlange - Schwein.

Kaninchen

Eigenschaften

Kaninchen neigen dazu, sich um andere zu sorgen, aber außerordentlich wenig um sich selbst. Die Probleme anderer Menschen bereiten ihnen Sorgen, denn sie versuchen zu helfen, wo immer es geht. Sie sind außerordentlich freundlich und hilfsbereit.

Wenn sie Nachrichten über globale Probleme hören, wollen sie Geld schicken oder Bewegungen gründen, um die Welt zu verändern, aber sie handeln nicht.

Es besteht die Möglichkeit, dass sie aus Hintergedanken traurig sind, die sie jedem mitteilen wollen, der bereit ist zuzuhören. Wenn sie gebildet sind, können sie ausgezeichnete Redner sein oder Berufe ausüben, die Qualitäten wie Diplomatie oder Politik beinhalten. Sie lassen sich von den Gefühlen anderer Menschen berühren und können sich beim Lesen eines Buches tief in die Charaktere hineinversetzen. Aus diesem Grund sind sie besonders gute Ratgeber, und ihre Freunde bewundern ihre Zärtlichkeit.

Sie neigen dazu, andere zu idealisieren und glauben, dass sie das Gleiche erhalten, was sie geben, weshalb sie Enttäuschungen und unerwartete Trennungen erleben können.

Kaninchen sollten darüber nachdenken, dass manche Beziehungen nicht ewig halten, und die Fehler der anderen als unvermeidlich akzeptieren, da niemand perfekt ist.

Obwohl sie sich danach sehnen, glücklich zu sein und in Frieden zu leben, kann ihre verzweifelte Suche nach diesen Tugenden durch ihre Tendenz, sich der Realität zu entziehen, frustriert werden.

Dennoch können sie Konflikte wie kein anderes Zeichen überwinden, da sie es gewohnt sind, Enttäuschungen und Misserfolge zu erleiden.

Hasen sind kreativ und akribisch. Ihre durchdringende Intelligenz und ihr Verhandlungsgeschick sichern ihnen einen Aufstieg in jedem Beruf. Trotz ihrer sanftmütigen Identität haben Kaninchen ein ungewöhnliches Selbstbewusstsein.

Er erreicht seine Ziele aufgrund seiner Entschlossenheit, auch wenn er manchmal etwas zögerlich zu sein scheint, was auf seinen Sinn für Vorsicht zurückzuführen ist.

Während alle das Ende des Weges herbeisehnen, glaubt der Hase, dass morgen alles so weitergeht wie bisher. Kurzum, der Hase weiß, wie man lebt und ist bereit, andere leben zu lassen.

Geistig werden sie kein Detail vergessen, weder Ihre Fehler noch Ihre Erfolge. Aber wenn das, was sie schätzen, nicht so schwierig oder endgültig ist, werden sie es loslassen.

Diese Eigenschaft macht ihn beliebt und begehrt. Erwarte auch nicht, dass der Hase herauskommt und für dich kämpft, das wäre zu viel von ihm verlangt. Er leiht dir vielleicht Geld, aber mehr auch nicht. Und wenn Sie ihm zu sehr auf die Nerven gehen, wird er sicher nach einem Weg suchen, um elegant aus Ihrem Leben zu verschwinden.

Ein Kaninchen, das sich nicht entwickelt hat, wird übermäßig fantasievoll, überempfindlich oder kalt sein. Er wird es hassen, Leiden zu teilen, Sicherheit wird seine Obsession sein, und er wird gefährliche Situationen vermeiden. Er wird vor Konflikten fliehen, indem er unsensibel oder ängstlich erscheint. In seinem Leben geht es in erster Linie um seinen Lebensunterhalt, und er glaubt nicht, dass andere für ihn sorgen können.

Im Allgemeinen erholen sich Kaninchen leicht von Krisen, und obwohl sie zerbrechlich sind, zeigt sich ihre Zähigkeit im richtigen Moment. Sie sind sehr umgänglich und genießen daher viele Dinge, die für andere unbemerkt bleiben.

Kaninchen sind mit Ziegen kompatibel, mit denen sie die Liebe zu greifbarem Wohlbefinden teilen.

Es wird auch eine gute Beziehung zum Hund oder zum Schwein haben. Aber es wird weder die Eitelkeit noch die Vorwürfe des Hahns unterstützen, noch wird es sich vor dem Tiger fürchten, den es ebenso wie das Pferd meiden wird.

Kaninchen

Element Wasser Kaninchen

Der Wasserhase ist angenehm und freundlich, er passt sich leicht an verschiedene Umstände an, lässt sich jedoch aufgrund seines zerbrechlichen Geistes und seiner Werte leicht von anderen beeinflussen.

Sie sind sehr abhängig von den Menschen, denen sie ihr Vertrauen schenken, und fühlen sich oft deprimiert, wenn sie ihre Unterordnung verlieren. Sie müssen lernen, unabhängig zu sein, damit sie sich wirklich sicher fühlen können.

Wasserhasen lassen sich von ungesunden Gewohnheiten verführen; daher ist es ratsam, dass sie ihr Geld nicht für unnötige gesellschaftliche Veranstaltungen verschwenden, sondern es für schwierige Zeiten aufsparen.

Dieses Kaninchen unterscheidet sich von den anderen dadurch, dass es scharfsinnig ist und auf die Urteile anderer hören kann.

In seiner Karriere ist er erfolgreich, weil Vernunft, Schnelligkeit und Gründlichkeit zu seiner DNA gehören. Allerdings muss er selbstbewusster sein, damit er besser abschneidet.

Dies ist ein sehr zartes Kaninchen, und natürlich romantisch. Er mag es nicht, belästigt oder belästigt zu werden, noch Streitigkeiten zu haben, wo die Meinungen unangenehm sind.

 Es ist sehr leicht, von außen Druck auf ihn auszuüben, da er die Leiden anderer emotional miterlebt.

Holz-Element Kaninchen

Holzkaninchen sind raffiniert, schlau und gut darin, kleine Pläne zu schmieden. Sie scheinen mutig zu sein, aber tief im Inneren sind sie sehr hinterhältig und streiten oft mit ihren Freunden über frivole Dinge.

Sie neigen zu überstürzten Stimmungsschwankungen. Dennoch sind sie der Liebe treu ergeben. Die Dunkelheit des Leidens wird noch lange in ihren Herzen verweilen, wenn sie nicht mit demjenigen zusammen sind, den sie anbeten.

Holzkaninchen neigen dazu, im Leben materialistisch zu sein und legen großen Wert darauf, alles unparteiisch zu teilen. Sie hätten ein ausgeglicheneres Leben zu Hause und einen erträglicheren Job, wenn sie mehr Respekt für andere aufbringen könnten.

Das Waldhaus hasst es, allein und untätig zu sein. Er liebt gesellige Zusammenkünfte und das Organisieren ausgefallener Partys. Er ist ein

treuer Begleiter, gibt aber nie vor, seine
Geheimnisse mit jemandem zu teilen. Er hat
einen strahlen deren Charakter als die anderen
Kaninchen, obwohl er sich gelegentlich weigert,
Ratschläge anzunehmen, weil er Angst hat, in
eine Falle zu tappen.

Der Holzkaninchen ist anpassungsfähig an alle
Umstände, kann sich leicht in ein Team einfügen,
weil er sehr diplomatisch ist und sich in seinem
beruflichen Bereich langsam hocharbeitet. Er
neigt dazu, Entscheidungen zu vermeiden, die
jemanden verletzen oder einen bedrohlichen
Präzedenzfall schaffen. Diese Unfähigkeit,
präzise zu handeln und einen bestimmten Platz
einzunehmen, kann die Popularität des
Waldhasen zerstören. Er sollte selbstbewusster
sein und sich vor denen schützen können, die
seine Größe ausnutzen wollen.

Feuer-Element Kaninchen

Der Feuerhase hat einen einsichtigen und toleranten Geist mit einzigartigen Ideen. Sie arbeiten feierlich und wurden geboren, um Führer zu sein.

Sie wissen nicht nur, wie man Menschen berücksichtigt und einsetzt, sondern auch, wie man unterschiedliche Begabungen fördert und sie zu Lebensexperten zusammenführt.

Der Feuerhase sollte bei unvorhergesehenen Schwierigkeiten, wie Geldmangel, nicht in Panik geraten. Er ist ein guter Berater und klug und geht mit jedem ehrlichen Menschen eine Verbindung ein. Er lügt seine Freunde nicht an, und sein Kreis ist ziemlich begrenzt.

Selbstdisziplin und Wahrnehmung geben Ihnen die Fähigkeit, Ihren eigenen Fokus genau zu steuern. Aus diesen Gründen nimmt sein Selbsterhaltungstrieb, die Angst, ihm die Möglichkeit, seine Fähigkeiten unter Beweis zu stellen. Es kann im Leben dieses Hasen von großem Nutzen sein, wenn er von Freunden angeleitet wird, die ihn motivieren, sich zum richtigen Zeitpunkt hinauszuwagen.

Dieses Kaninchen ist cool, lustig und unterhaltsam. Er hat eine intensivere Persönlichkeit als die anderen Kaninchen, aber er versteht es, seine Ängste mit Hilfe von Anmut und Gerissenheit zu verbergen. Er ist ein heiterer Mensch. Das Element Feuer veranlasst diesen Hasen zu enthusiastischen Reden, vor allem, wenn er auf etwas nicht stolz ist.

Er neigt mehr zur Führung als die anderen Hasen, aber seine Techniken sind begrenzt. Wie die anderen Kaninchen vermeidet er die direkte Konfrontation mit seinen Gegnern und wählt fein ausgeklügelte Intrigen.

Der Feuerhase hat gute Instinkte und intellektuelle Fähigkeiten. Er bemerkt schnell jede Störung in der Umgebung und zeigt leicht Hass und Trauer.

Erdelement Kaninchen

Der Erd Hase ist sehr aufrichtig, aber er vermittelt anderen ein Bild der Unverblümtheit, wenn er in Aktion ist, deshalb sollte er versuchen, ein wenig vorsichtiger zu sein.

Sie sind sehr rigoros mit sich selbst und berechnend in ihrer Karriere, folglich wechseln sie immer von einem Arbeitsplatz zum anderen. Sie arbeiten hart und achten auf Details, sind bereit, etwas Unwesentliches zu tun, werden aber schnell müde.

Erdkaninchen haben eine ausgezeichnete körperliche Vitalität, aber ihr Aussehen ist nicht gesund.

Der Erd Hase ist hartnäckig, fleißig, mit einem gut geschärften Sinn für die Vorhersage der Zukunft hervorragend. Seine Kraft, sein Talent und seine Genauigkeit machen ihn zu einem guten Partner bei jeder Gelegenheit, vor allem in Bezug auf die Finanzen. Übertriebene Vorsicht vermindert die Chancen des Erd Hasen auf Erfüllung.

Dies ist ein zutiefst ernsthafter Hase, seine Ziele sind klar definiert, und er ist sehr berechnend in allen seinen Schritten. Er ist vorsichtig, wenn er seine Gefühle ausdrückt, gleichmütig und subtil. Er hat eine objektive Sicht auf alles, was ihn umgibt, Eigenschaften, die vor allem für die Menschen, die ihm überlegen sind, von grundlegender Bedeutung sind.

Das Erdelement macht den Hasen stabil und weniger nachgiebig in seinen Begierden, obwohl diese Beständigkeit passiv ist. Der Erd Hase ist zurückgezogen und hat die Tendenz, sich in sich selbst zu versenken, sobald er mit einem Problem konfrontiert wird. Er versucht, einen harmonischen Rhythmus mit seiner inneren Welt aufrechtzuerhalten, und nur unter dieser Voraussetzung kann er in der äußeren Welt mit Vertrauen handeln. Er hat nie Zweifel daran, wie er die ihm zur Verfügung stehenden Mittel zur bewussten Lösung von Konflikten einsetzen kann.

Der Erd Hase ist praktisch veranlagt, er ist ständig um sein Wohlergehen besorgt und manchmal unsensibel gegenüber den Nöten anderer Menschen, wenn sie nicht mit seinen eigenen Plänen übereinstimmen. Trotzdem ist er bescheiden und erkennt seine Schwächen und versucht, sie zu tolerieren.

Metallelement Kaninchen

Metallhasen sind freundlich, sehr gemäßigt und verabscheuen Wettbewerb. Sie mögen es nicht, sich mit wettbewerbsorientierten oder ängstlichen Menschen anzufreunden, die sofortige Gewinne anstreben.

Sie sind mutig und enthusiastisch, daher haben sie viele Freunde aus allen Berufen, und diejenigen, die stur sind, sind nie Freunde von ihnen.

Der Metallhase ist ruhig und klug. Er weiß genau, was er vom Leben will und wie er vorgehen wird, aber für andere ist das ein völliges Geheimnis. Er behält seine Geheimnisse und Ziele bei sich, weil er misstrauisch ist. In seinem Beziehungskreis gibt es nur ehrliche Menschen, die ihn nicht mit ihren Energien überwältigen. Da er vorsichtig und besonnen ist, schafft er es, in hohe gesellschaftliche Positionen aufzusteigen, indem er sich immer mit angesehenen Menschen umgibt.

Diese Hasen sind sehr vital und verfügen über eine starke geistige Gesundheit, allerdings ist der Metallhase auf sein Denk- und Rechenvermögen angewiesen. Er ist immer davon überzeugt, dass er die richtigen Antworten hat und die richtigen Entscheidungen trifft. Er geht geduldig Verpflichtungen ein und strahlt in seinem Beruf eine unverwechselbare Kreativität aus.

Der Einfluss von Metall führt dazu, dass der Hase übermäßig mit seinen eigenen Bestrebungen und Ideen beschäftigt ist. Dieser Hase ist subtiler als andere und ehrgeizig. Seine Ambitionen sind seiner berechnenden Mentalität untergeordnet. Der Metallhase ist fasziniert von einem luxuriösen Leben und ist gleichgültig gegenüber der Meinung anderer.

Kaninchen

Im Jahr des Drachen werden Hasen einen außergewöhnlichen Sinn für Kreativität entwickeln. Sie werden geneigt sein, ihre künstlerischen Talente zu erforschen und werden Möglichkeiten zur beruflichen Weiterentwicklung haben.

Die Arbeit wird der Zufluchtsort für die Kaninchen sein, und diejenigen, die Arbeit haben, werden erfolgreich sein, da sie eine Gehaltserhöhung oder einen Wechsel in eine höhere Position erhalten können.

Diejenigen, die keine Arbeit haben, können den Job bekommen, von dem sie immer geträumt haben. Es ist wichtig, sich nicht von Ungeduld hinreißen zu lassen. Dies ist die ideale Zeit, um sich auf Ihre körperliche Fitness und Ihr geistiges Wohlbefinden zu konzentrieren und Ihre Energien in kreative Aktivitäten zu lenken.

Kaninchen haben einen ausgeprägten Sinn für Finanzmanagement. Das Jahr des Drachen bietet Ihnen viele Gelegenheiten, finanziell erfolgreich zu sein.

Dies wird ein wechselhaftes Jahr sein. Wer einen Partner hat, sollte sich vor Untreue hüten. Es ist wichtig, sich nicht von Freunden mitreißen zu lassen, einige könnten ein schlechter Ratschlag geben.

Diejenigen, die noch keinen Partner haben, sollten vorsichtig sein, wenn sie einen suchen, denn das Jahr wird viele Gelegenheiten bringen, die eine Falle sein können, unter der sie leiden können. Deine charismatische Persönlichkeit wird ein Magnet für alle Beziehungen sein.

 Wenn Sie bereits in einer romantischen Beziehung leben, sollten Sie sich darauf vorbereiten, diese noch besser zu gestalten, als sie es in den letzten Jahren getan hat. Achten Sie auf Ihren Partner, um die Intimität Ihrer sexuellen Beziehung zu verbessern.

Tiger können in der Interaktion mit anderen auf Konflikte stoßen. Im Falle eines Streits werden Sie gewinnen, wenn es ein legitimer und vernünftiger Grund ist. Mit dem Drachen im Rücken können Sie einen überwältigenden Sieg erringen.

Achten Sie auf Ihr Verdauungssystem, ernähren Sie sich abwechslungsreicher. Ihr Körper ist Ihr heiliger Tempel. Es hat keinen Sinn, sich um alle anderen Aspekte Ihres Lebens zu kümmern, wenn Ihr Körper vernachlässigt wird.

In diesem Jahr werden Sie vielleicht jemanden vermissen, der Ihr Leben verlassen hat. So ist das Leben, es gibt Ihnen gute Dinge, die Sie jetzt genießen sollten, und nimmt sie Ihnen weg, wenn Sie es am wenigsten erwarten.

Ihr müsst weiterhin schöne Erinnerungen schaffen, Erinnerungen, die euch das Gefühl geben, dass das alles ist, was wir mitnehmen werden.

In einigen Monaten des Jahres werden Sie mit Wunden zu tun haben, die Sie für geschlossen hielten.

Das familiäre Umfeld wird angenehm sein, Sie werden ein Haus kaufen oder eine Wohnung mieten können.

Am Ende des Jahres wird die Arbeit stressiger werden. Das bedeutet, dass Sie härter arbeiten und häufiger mit anderen Menschen zusammenarbeiten müssen.

Arbeitskollegen können lästiger sein als sonst. Versuchen Sie jedoch, im Umgang mit ihnen ruhig zu bleiben.

Kombination der Tierkreiszeichen mit dem chinesischen Horoskop

Wenn man östliche und westliche Horoskope kombiniert, ist es erstaunlich, wie sehr sie miteinander verbunden und genau sind.

Chinesische und westliche Horoskope sind die am häufigsten verwendeten Horoskope. Wenn Sie die Möglichkeit haben, sie gründlich zu verstehen, wird es für Sie einfacher sein, sie zu nutzen und einen zentralen Ansatz zu haben.

Beide Horoskope basieren auf der Position der Sterne, aber im chinesischen Horoskop werden 28 Sternbilder verwendet, im westlichen Horoskop 88. Das chinesische Horoskop basiert auf 12 Tieren, die jedes Jahr regieren, und das westliche Horoskop basiert auf 12 Zeichen, die jeden Monat regieren.

Das chinesische Horoskop basiert auf dem Mondkalender und ist das älteste bis heute bekanntes Horoskop. Ihr Tierkreiszeichen stimmt mit Ihrem Zeichen im chinesischen Horoskop überein, aber das kommt nicht oft vor. Wenn das der Fall wäre, wären die Vorhersagen genauer.

Zwischen den Zeichen beider Horoskope besteht eine Gleichwertigkeit:

Widder/Drache

Stier/Serpent

Zwillinge/Pferd

Krebs/ Ziege

Löwe / Affe

Jungfrau/Hahn

Waage / Hund

Skorpion / Schwein

Schütze / Ratte

Steinbock/Ochse

Wassermann/Tiger

Fische / Kaninchen

Kombinationen

Kaninchen

Widder/ Hase

Aus dieser Kombination entsteht ein ständig aktives Individuum, das voller Energie ist und sich nicht scheut, Risiken einzugehen. Er wird von der Gefahr angezogen, kann seine Ziele ohne die Hilfe und Zustimmung anderer erreichen.

Denken Sie nie daran, sie zu ignorieren, denn sie sind zwar charmant, aber unnachgiebig.

Stier/Kaninchen

Diese Kombination ergibt einen ruhigen Menschen, der vor allem seine Bequemlichkeit schätzt. Er mischt sich nie in Dinge ein, die ihn nichts angehen, er denkt, dass jeder Herr über sein Leben und seine Probleme ist.

Sie sind von Natur aus diplomatisch und tolerant gegenüber den Unzulänglichkeiten anderer Menschen. In ihrem Leben gibt es keinen Platz für absurde Probleme und oberflächliche Sorgen. Übermäßig scharfsinnig, um ihre Energie auf triviale Dinge zu verbringen. Die Verbindung von Stier und Hase ist eine ausgewogene Mischung aus Integrität und Sympathie.

Zwillinge/ Hase

Diese Menschen werden in jeder Umgebung wahrgenommen, weil sie einen guten Geschmack haben und deshalb immer eine beeindruckende Persönlichkeit ausstrahlen. Sie lieben es, bewundert zu werden, und obwohl sie nachdenklich sind, dulden sie keine Langeweile.

Der Hase hilft dem ruhelosen Teil der Zwillinge, überstürzte Aktionen zu vermeiden. Die Kombination dieser Zeichen ist typisch für Menschen mit einem unkonventionellen Temperament. Sie kommunizieren gut und sind loyal.

Krebs/Kaninchen

Aus dieser Mischung entsteht ein weiser Mensch. Allerdings ist er instabil, stur und materialistisch. Er denkt, dass er immer Recht hat und dass jeder ihn respektieren muss. Für diese Menschen ist der einfachste Misserfolg ein Unglück, da sie daran gewöhnt sind, betrogen zu werden. Das bedeutet nicht, dass er sich selbst nicht schätzt, er weiß, wie er sich mit Mut und Hartnäckigkeit aus solchen Situationen befreien kann.

Löwe/Kaninchen

Das Glück ist in der Gunst dieser Art von Person. Die Ehrlichkeit des Kaninchens formt den Stolz des Löwen, so dass diese Mischung gibt diskrete und gebildete Menschen. Sie sind sehr korrekt, aufmerksam, haben gute Manieren und verabscheuen die Hektik und raue Umgebungen.

Sie sind kreativ, langweilen sich nie, auch wenn sie allein sind, und sind immer an neuen Projekten beteiligt. Wo immer man sie antrifft, zeichnen sie sich durch ihr Charisma und ihre magnetische Ausstrahlung aus.

Jungfrau /Kaninchen
Dies ist eine Mischung, die Menschen, die Unsicherheit schafft intensive Zustände der Angst gibt. Die Vereinigung des zarten Kaninchens und der Jungfrau ist erfolgreich, weil sie eine Harmonie und Balance aus der Serie erreicht.

Menschen mit dieser Kombination haben einen bedächtigen Lebensstil und vermeiden Konflikte, wann immer es möglich ist. Sie sind stabil und sind immer mit dem zufrieden, was sie haben. Sie genießen die einfachen Dinge des Lebens, denn Perfektionisten zu sein ist für sie eine sehr unsichere Beschäftigung.

Waage /Kaninchen

Es ist schwer, dieser attraktiven Kombination zu widerstehen. Ihr höfliches Temperament und die Art und Weise, wie sie kommunizieren, werden jeden dazu bringen, sich zu verlieben.

Sie sind nicht nachtragend und haben keine Angst, sich über sich selbst lustig zu machen. Die Diplomatie der Waage in Verbindung mit der Ausgeglichenheit des Hasen verleiht diesen Menschen noch mehr Finesse. Sie lassen sich in keinen Streit verwickeln, und wenn es doch dazu kommt, finden sie immer einen Weg, jede Schwierigkeit zu lösen.

 Für sie steht die emotionale Gesundheit an erster Stelle, und alles andere ist zweitrangig.

Skorpion/Kaninchen

Dies ist eine sehr aufrichtige Kombination, die in der Regel immer angenehm ist. Gleichzeitig ist sie aber auch schwierig. Sie haben eine intensive Energie, die anzieht und verzaubert. Sie handeln immer vorsichtig und verfügen über einzigartige Fähigkeiten. Diese Menschen haben unglaublich viel Glück, alle ihre Geschäfte sind immer erfolgreich, und das macht andere oft sehr neidisch.

Schütze/ Hase

Diese Person ist ein wunderbarer Kommunikator und ein respektvoller Zuhörer. Sie sind immer höflich und denken in jeder Situation nur positiv. Sie lieben es, zu reisen, und ihr Leben ist voller interessanter Geschichten.

Die Eigenschaften des Hasen mildern den unabhängigen Charakter des Schützen ab. Die Wirkung der Vereinigung dieser beiden Zeichen ist hervorragend, man sagt sogar, es sei die berühmteste und triumphalste Kombination der zwölf Fusionen.

Steinbock / Hase

Aus dieser Kombination entsteht ein ruhiger und ausgeglichener Mensch. Die Sturheit und Ernsthaftigkeit des Steinbocks passen hervorragend zur Zartheit und Unsicherheit des Hasen. Das Ergebnis ist eine Person, die sich durch ihr unabhängiges Temperament auszeichnet.

Er ist romantisch, aber nur mit seiner Familie und Freunden. Die Vereinigung von Steinbock und Hase rechtfertigt sein Talent und das Potenzial für die Anpassung in jeder Situation.

Wassermann/Kaninchen

Aus dieser Kombination entsteht ein unberechenbarer Mensch, der sich nicht scheut, exzentrisch zu wirken. Ein Liebhaber der

Freiheit, denkt diese Person, dass es nicht wichtig ist, die üblichen Regeln zu verbinden.

Sie haben einen ausgezeichneten Charakter, sind fröhlich und optimistisch. Diese Kombination hat eine natürliche Abenteuerlust, und man wird sie nie traurig oder entmutigt sehen.

Fische/ Hase

Aus dieser Kombination gehen die sanft mutigsten Menschen hervor. Obwohl sie nach außen hin unschuldig wirken, ist dies Teil ihrer Fähigkeit, höflich zu sein, und nicht Ausdruck ihrer Seele. Diese Menschen sind intuitiv und einfühlsam, aber auch scharfsinnig, so dass niemand sie ausnutzen kann.

Diese Verbindung führt zu manipulativen Menschen, die wissen, wie man mit Schwächen umgeht.

Dekorieren Sie Ihr Zuhause nach Feng-Shui

Feng Shu ist eine chinesische Philosophie, die sich mit der Umwelt befasst und auf der Theorie von Yin und Yang und den fünf Elementen basiert.

Experten haben gezeigt, dass im alten China regelmäßig Gebiete gewählt wurden, die von Bergen umgeben sind und einen Fluss haben. Dies lag nicht nur daran, dass diese Gebiete die wichtigsten Kriterien für das Überleben darstellten, sondern auch daran, dass sie den vom Feng-Shui festgelegten Mustern entsprachen.

Die Hauptidee des Feng-Shui ist es, ein Gleichgewicht zwischen der Menschheit und dem Universum herzustellen. Wenn es gute Energien gibt, gibt es ein Gleichgewicht, da Feng-Shui das Schicksal eines jeden Menschen beeinflusst.

Durch das Studium des Feng-Shui können die Menschen an ihrer Kompatibilität mit der Natur, ihrer Umgebung und ihrem Leben arbeiten, um

mehr Wohlstand und Gesundheit im Leben zu
erreichen.

Theorie der fünf Elemente

Die Theorie der fünf Elemente ist ein Bestandteil
des Feng-Shui. Diese Elemente sind wichtig für
die Bestimmung des richtigen Feng-Shui in
jedem Raum. Diese Elemente sind Feuer, Erde,
Metall, Wasser und Holz, und jedes hat eine
Besonderheit, die bestimmte Aspekte des Lebens
symbolisiert.

Die Fünf Elemente sind der Ausdruck, der im
Feng-Shui verwendet wird, um die Struktur der
Natur zu erklären, und diese Elemente wirken
zusammen und müssen immer ausgeglichen sein.

Feng-Shui für die zwölf Zeichen des chinesischen Horoskops

Das Zeichen der Ratte

Wasser begünstigt Menschen, die im Zeichen der Ratte geboren sind; es hilft ihnen, Wohlstand zu erlangen. Um Reichtum zu erlangen, sollten sie ein Goldfischbecken im nördlichen Teil ihres Büros aufstellen.

Das Zeichen des Ochsen

Menschen dieses Zeichens werden Wohlstand erreichen, wenn sie das Element Feuer nutzen. Um dies zu erreichen, sollten sie Porzellan- oder

Keramikartikel in ihren Geschäften oder Büros und in ihren Häusern aufstellen.

Das Zeichen des Tigers

Das Erdelement ist dasjenige, das Personen, die dem Zeichen des Tigers angehören, verwenden sollten. Sie sollten etwas Relevantes hinzufügen, dass dieses Erdelement symbolisiert. Eine Topfpflanze oder eine natürlich wachsende Blume kann Wohlstand in ihr Leben bringen.

Das Zeichen des Hasen

Um Glück und Fülle anzuziehen, brauchen Menschen mit dem Zeichen Hase ein geheimes Erdelement in ihrem Leben. Sie sollten eine Jade oder einen Citrin-Quarz im nordöstlichen Teil Ihres Hauses oder Büros verstecken.

Drachen-Zeichen

Der Nordwesten ist hervorragend für diejenigen, die im Zeichen des Drachen geboren sind. In diese Richtung sollten sie eine Schale mit klarem Wasser, vermischt mit ein wenig Erde, stellen. Eine andere Möglichkeit ist, eine Lotusblume in eine Schale zu legen.

Das Zeichen der Schlange

Menschen, die dem Zeichen der Schlange angehören, werden zu Wohlstand kommen, wenn sie Metallgegenstände, insbesondere Gold und Silber, in ihrem Haus oder Büro verwenden.

Das Zeichen des Pferdes

Der Nordwesten ist die empfohlene Position für Menschen mit dem Zeichen des Pferdes, um ein großes Kapital zu erhalten. Sie sollten einen Metallfrosch im Nordwesten ihres Hauses oder Geschäfts platzieren.

Das Zeichen der Ziege

Norden ist die geeignete Himmelsrichtung für Menschen, die im Zeichen der Ziege geboren sind. Sie sollten eine kleine Holzkiste oder einen anderen hölzernen Gegenstand im Norden ihres Büros oder ihrer Wohnung aufstellen.

Wenn sie eine Holzkiste verwenden, sollten sie einen Gegenstand, der mit ihrem Beruf zu tun hat, in die Kiste legen. Ein Schriftsteller kann zum Beispiel einen Bleistift in die Kiste legen.

Affe Zeichen

Damit Wohlstand in das Leben von Menschen kommt, die im Zeichen des Affen geboren sind, sollten sie eine Pflanze in ihrer Größe oder größer in dieser Himmelsrichtung auf der Westseite des Hauses oder des Unternehmens aufstellen.

Hahn Zeichen

Wer dem Sternzeichen Hahn angehört, hat Glück, wenn er einige Samen in ein Glas, eine Flasche oder eine Schale von dunkelroter Farbe legt. Sie sollten kein Metall verwenden.

Hundeschild

Menschen, die dem Zeichen des Hundes angehören, sollten in ihrem Leben auf die Elemente Wasser und Erde verzichten. Sie können Baumstämme oder Pflanzenzweige in ihr Büro oder ihre Wohnung stellen, aber sie können sie nicht in Wasser oder Erde stellen.

Das Zeichen des Schweins

Menschen, die im Zeichen des Schweins geboren sind, brauchen das Element Feuer in ihrem Leben, um Glück zu haben. Sie können ein Keramiktablett oder andere Gegenstände aus Ton in ihrem Haus aufstellen.

Feng-Shui 2024

Im Jahr des Drachen sollten Sie Perlenarmbänder oder Armreifen tragen.

Sie sollten ein Amulett mit einer Drachenfigur oder ein Feng-Shui-Glücks-Windspiel mit Kristallen aufstellen und es im Südosten Ihres Hauses oder im Familienbereich Ihres Schlafzimmers oder Büros platzieren.

Vergessen Sie nicht, Ihre Wohnung mit Grünpflanzen, Naturblumen in verschiedenen Farben, Fotos, Bildern oder Darstellungen zu schmücken, die Landschaften und Gärten charakterisieren.

Sie sollten auch hölzerne Dekorationen verwenden und keine Fotos von verstorbenen

Familienmitgliedern neben den aktuellen Familienfotos aufstellen, da die Schwingung dieser Fotos schmerzhaft ist und Ihnen Energie raubt.

Das chinesische Neujahrsfest hat viele Traditionen, um das Alte zu verabschieden und Platz für das Neue zu machen. Eine Tradition, die wir empfehlen, ist, am ersten Tag des chinesischen Mondneujahrs nicht in der heimischen Küche zu kochen, da es Unglück bringt, scharfe Instrumente wie Messer herauszunehmen. Dies kann das Glück für den Rest des Jahres schmälern.

Die ersten 15 Tage des chinesischen Neujahrsfestes werden gefeiert, und obwohl es stimmt, dass uns manchmal die Zeit dazu fehlt, ist es ratsam, sich im Voraus darauf vorzubereiten.

Wenn Sie es schaffen, im Voraus vorbereitet zu sein, wird dies Ihnen helfen, Wohlstand anzuziehen. Beginnen Sie in diesem Jahr zwei Tage vor dem chinesischen Neujahrsfest, also am

Donnerstag, dem 8. Februar 2024, mit einer gründlichen Reinigung Ihres Hauses. Vergessen Sie nicht, dass es Unglück bringt, am ersten Tag des neuen Jahres zu putzen, weil Sie damit Ihr ganzes Glück aus der Haustür fegen würden.

Am Abend vor dem chinesischen Neujahrsfest, am Freitag, dem 9. Februar 2024, sollten Sie alle Ihre Ziele für das Jahr planen und aufschreiben, falls Sie dies nicht schon am 1. Januar getan haben.

Schreiben Sie nach dem Neumond am Freitag, den 09.02.2024 um 17:58 Uhr EST absolut alle Ihre Wünsche auf. Welche Ziele wollen Sie in Ihrem Berufsleben, in Ihrem Finanzbereich, in Ihrem Liebesleben und in Ihrem Familienleben erreichen? Schreiben Sie eine Liste für jeden Bereich Ihres Lebens, den Sie verbessern möchten.

Wenn du eine Holztruhe kaufen kannst, wäre das ideal, denn darin kannst du deinen Wunschzettel zusammen mit einem Pyrit quarz und einem Citrin aufbewahren, die als Steine bekannt sind, die Wohlstand und Fülle anziehen. In die Truhe sollten Sie drei chinesische Münzen legen, denn sie sind traditionelle Symbole des Überflusses.

Alles, was Sie in diese Truhe legen, wird Ihre Wünsche schützen und die Wohlstandsenergien verstärken. Sie sollten diese Truhe an einem besonderen und sicheren Ort aufbewahren, am besten an einem hoch gelegenen Ort, denn so können Sie positive Energien von einer prominenten Stelle aus anziehen.

Vergessen Sie nicht, neue Kleidung zu tragen, denn sie steht für die neuen Energien, die Sie in Ihr Leben holen wollen. Sie sollten einige rote Details tragen.

Besonders am Neujahrstag sollten Sie versuchen, sich nicht aufzuregen. Wenn möglich, nehmen Sie sich an diesem Tag frei, damit Sie keine Angst vor dem Verkehr haben oder sich Sorgen machen müssen. Denken Sie daran, auf dem Markt eine Tüte Orangen zu kaufen, denn das symbolisiert den Eintritt von Wohlstand in Ihr Haus im neuen Jahr.

Tipps für das Jahr 2024

Dies ist ein spektakuläres Jahr für Ihr persönliches Wachstum, deshalb sollten Sie die sich bietenden Gelegenheiten nutzen und nicht nur Ihre Fähigkeiten ausbauen, sondern auch neue erlernen.

Alles, was Sie in diesem Jahr 2024 tun, wird eine Investition in Ihre Zukunft sein. Es wird ein furchtbar arbeitsreiches Jahr sein, aber die Energien sind ermutigend, denn das Jahr des Drachen wird Ihnen die Gelegenheit geben, die Sie brauchen, um erfolgreich zu sein. Um davon zu profitieren, müssen Sie sich jedoch über alle Optionen, die Ihnen zur Verfügung stehen, beraten lassen und alle Möglichkeiten analysieren.

Sie müssen aufmerksam sein und bereit, sich alle Ratschläge und Hilfen anzuhören. Mit Willenskraft und Initiative werden sich neue Türen für Sie öffnen.

In diesem Jahr des Drachen gibt es viel zu lernen, aber wenn Sie die Herausforderung annehmen, können Sie nicht nur in Ihrem Beruf vorankommen und Ihr Einkommen steigern, sondern auch wertvolle Erfahrungen sammeln.

Im Jahr des Drachen werden Sie sich nicht nur an größeren finanziellen Gewinnen erfreuen, sondern mit Ihrer unternehmerischen Natur auch ein Hobby finden, das Ihnen Wohlbefinden bringt.

Allerdings müssen Sie bei Ihren Ausgaben diszipliniert vorgehen und Ihr Budget sorgfältig planen, vor allem, wenn Sie an außergewöhnlich umfangreichen Transaktionen teilnehmen.

Wenn Sie im Laufe des Jahres Verträge unterzeichnen oder wichtige Vereinbarungen treffen müssen, sollten Sie die Bedingungen und alle Auswirkungen prüfen.

Um Ihre beste Leistung zu erbringen, sollten Sie einen ausgewogenen Lebensstil pflegen, Sport treiben, Ihren Schlafrhythmus einhalten und sich gesund ernähren. Es wird von Vorteil sein, wenn Sie neue Freunde finden.

Im Jahr des Drachen kann das Leben geheimnisvoll wirken und zufällige Ereignisse anziehen, die Ihnen viele Möglichkeiten eröffnen. Der Zufall spielt in diesem Jahr eine Schlüsselrolle in Ihrem Leben und verändert Ihre wirtschaftliche Situation. Ab Mai wird es eine Menge sozialer Aktivitäten geben, und Sie werden viel Spaß haben können.

Es wird ein lohnendes Jahr, in dem es Entscheidungen zu treffen, Anschaffungen zu tätigen und Vergnügungen zu genießen gilt.

Diejenigen, die einen Partner haben, werden feststellen, dass sie mehr Erfolg haben, wenn sie sich zusammenschließen.

Es ist ein Jahr, in dem die Fähigkeit, Gelegenheiten wahrzunehmen, viele Vorteile bringen wird. Das Jahr des Drachen hat ein enormes Potenzial, also bleiben Sie offen für Gelegenheiten und seien Sie bereit für Veränderungen und Anpassungen. Das Jahr des Drachen wird Unternehmer belohnen.

Energetisches Reinigungsritual

Am selben Abend, vor dem Jahreswechsel, sollten Sie Ihr Haus reinigen, alle Fenster zum Lüften öffnen und weiße und gelbe Blumen in alle Gemeinschaftsbereiche Ihres Hauses stellen. Speziell am Eingang sollten Sie Räucherstäbchen aus Zimt, Sandelholz, Eukalyptus oder Lavendel oder ein Räucherstäbchen aus Palo Santo, weißem Salbei oder Vanille aufstellen.

Man muss das Haus gut räuchern. Unter Räuchern versteht man die Erzeugung von Rauch mit Hilfe von Weihrauch, um die Umgebung zu aromatisieren und als Instrument der Reinigung und Entschlackung zu nutzen. Seine Besonderheit ist, dass er einen angenehmen Duft verströmt, dem entspannende Eigenschaften zugeschrieben werden. Viele Menschen benutzen Räucherstäbchen, um die energetischen Schwingungen ihrer Wohnung zu verändern.

Wenn Sie eine Räucherung haben, die Sie im ganzen Haus verteilen, denken Sie daran, kreisende Bewegungen nach rechts zu machen. Wenn ihr einen persönlichen Bereich reinigen wollt, solltet ihr mit eurem eigenen Körper beginnen, von den Füßen bis zum Kopf, und dann zum Herzen zurückkehren, wobei ihr immer leichte Kreise macht.

Da dies das Jahr des Hasen ist, ist es ratsam, ein paar Metall- oder Holzhasen im Haus zu haben, und wenn Sie die Möglichkeit haben, auch ein paar Glaskaninchen, da sie das Element des Jahres repräsentieren: Wasser.

Wenn Sie diese Möglichkeit nicht haben, können Sie ihn mit Bildern, Porträts oder Figuren symbolisieren. Betrachten Sie ihn als Glücksbringer, denn schließlich ist das Kaninchen bestrebt, den Wohlstand zu sichern. Es wird viel Reichtum in Ihr Haus bringen.

Eine weitere Empfehlung für 2024 ist es, einige Wände in Ihrem Haus in Himmelblau zu streichen. Diese Farbe ist eine der

Wohlstandsfarben für dieses neue Jahr. Seien Sie vorsichtig damit, Ihr Zuhause mit Blau zu überladen, Sie sollten nie vergessen, dass Ausgewogenheit das Wichtigste ist. Wenn Sie es mit Blau übertreiben, werden Sie Entmutigung oder Apathie anziehen.

Eine Möglichkeit oder Option ist es, es mit Ihnen zu tragen, in Form eines Armbands, baumelnden Ohrringen, Pendeln, Schläfern, an einem Ring, Schlüsselanhänger oder einem Talisman in Ihrer Tasche oder Handtasche. Wenn Sie sowohl das Kaninchen als auch das Wasser haben, wird dies eine Assoziation von Reichtum, Schutz und Glück in Ihrem Leben, Haus oder Büro bilden. Denken Sie immer daran, dass alles von Beständigkeit und Anstrengung begleitet wird.

Wenn Sie einige Pflanzen wie Basilikum kaufen können, die eine große Fähigkeit haben, Fülle zu erzeugen, abgesehen von ihrer Kraft, schlechte Schwingungen zu vertreiben und umzuwandeln, werden Sie es nicht bereuen. Jasmin wäre eine weitere gute Option, Ihr Haus wird immer duften und gute Schwingungen haben. Sie sollten frischen Jasmin in Ihrem Haus haben, wann immer Sie die Möglichkeit dazu haben, aber das Wichtigste ist, dass der erste Tag des chinesischen Jahres in irgendeiner Ecke Ihres Hauses ist.

Rituale zum Beginn des chinesischen Neujahrs 2024

Das chinesische Neujahrsfest sollte mit Freude, Musik und einem üppigen Familienessen begrüßt werden. Es ist eine Zeit, in der man feiert und sich auf Glück und Wohlstand für das kommende Jahr konzentriert.

Sie sollten neue Kleidung **tragen**, denn dies symbolisiert einen Neuanfang.

Eine klangvolle Farbe wie Rot, die für Harmonie, Glück und Wohlbefinden steht, eignet sich hervorragend für diesen Tag.

Vermeiden Sie es, Weiß oder Schwarz zu tragen, während Sie auf das neue Jahr warten, da dies die Farben sind, die man normalerweise zu Beerdigungen trägt.

Eine Reinigung in Form eines Rituals, um sich auf das chinesische Neujahr vorzubereiten, ist nützlich.

Diese Reinigung soll böse Geister abwehren, die sich vielleicht in den Ecken des Hauses verstecken.

In der Regel tauscht man Möbel aus oder stellt sie um, bessert die Farbe in der Wohnung aus, repariert Schäden und putzt die Fenster mit viel Wasser.

Energetische Rituale zur Reinigung

Am selben Abend, bevor das neue Jahr beginnt, sollten Sie Ihr Haus putzen, alle Fenster zum Lüften öffnen und weiße und rote Blumen in allen Gemeinschaftsbereichen Ihres Hauses aufstellen.

Speziell am Eingang sollten Sie Zimt, Sandelholz, Eukalyptus oder Lavendel räuchern oder Lorbeerblätter verbrennen. Lorbeer ist eine Pflanze, die schützen, reinigen und heilen kann.

Eine weitere Möglichkeit, positive Energien in Ihr Haus zu holen, ist die Kombination von Zimt und Lorbeerblättern. Verbrennen Sie Lorbeerblätter und bestreuen Sie sie mit Zimtpulver.

Wenn diese Mischung angezündet ist, verteilen Sie den Rauch in allen Räumen Ihres Hauses.

Sie müssen das Haus gut räuchern. Sahumar ist das Erzeugen von Rauch mit Hilfe von Weihrauch, um die Umgebung zu aromatisieren und als Instrument der Reinigung und Entschlackung zu nutzen.

Ihre Besonderheit ist, dass sie einen angenehmen Duft verströmen, dem eine entspannende Wirkung nachgesagt wird.

Viele Menschen verwenden Räucherstäbchen, um die energetischen Schwingungen in ihrem Haus zu verändern.

Wenn Sie ein Räucherstäbchen haben, das Sie im Haus herumreichen, denken Sie daran, kreisende Bewegungen nach rechts zu machen.

Wenn Sie einen persönlichen Bereich reinigen wollen, sollten Sie mit Ihrem eigenen Körper beginnen, von den Füßen bis zum Kopf, und dann zum Herzen zurückkehren, wobei Sie immer leichte Kreise ziehen.

Da dies das Jahr des Grünen Holzdrachen ist, ist es ratsam, ein Paar Holzdrachen in Ihrem Haus zu haben. Wenn Sie diese Möglichkeit nicht haben, können Sie sie mit Bildern, Porträts oder Figuren symbolisieren.

Eine weitere Empfehlung für das Jahr 2024 ist es, einige Wände Ihres Hauses grün zu streichen.

Diese Farbe symbolisiert Wohlstand für dieses Jahr. Übersättigen Sie Ihr Haus nicht mit Grün, denken Sie daran, das Gleichgewicht zu halten. Wenn Sie es mit Grün übertreiben, werden Sie Stress in Ihr Leben ziehen.

Eine Möglichkeit oder Option ist es, sie mit sich zu tragen, als Armband, Anhänger, Ohrringe, Pendel, Schläfer, an einem Ring, Schlüsselbund oder Talisman in der Tasche oder Handtasche, dies wird eine Assoziation von Reichtum, Schutz und Glück in Ihrem Leben, zu Hause oder im Büro bilden.

Wenn Sie einige Pflanzen wie Lavendel, Raute oder die Geldpflanze kaufen können, die die Fähigkeit haben, Fülle zu erzeugen, zusätzlich zu ihrer Kraft, schlechte Schwingungen zu vertreiben und umzuwandeln, werden Sie es nicht bereuen.

Da Wasser das Element ist, das das Holz ergänzt, wird ein Wasserbrunnen am Eingang Ihres Hauses Wohlstand anziehen. Vergessen Sie nicht, dass das Wasser nach innen fließen sollte.

Wenn Sie einen Wasserbrunnen in den Wohlstandsbereich Ihres Hauses stellen, der sich von der Eingangstür aus gesehen auf der linken Seite hinten befindet, werden Sie viele materielle Vorteile haben.

Zusammen mit Grün ist Rot die Glücksfarbe für das Jahr 2024, du solltest sie in deinem Haus verwenden, um die Energien des Glücks zu aktivieren. Sie können Rot auf Ihrer Kleidung oder mit einem anderen Kleidungsstück wie einem Schal, einer Mütze oder einem Armband tragen, damit Sie Geld anziehen können.

Das chinesische Neujahrsfest sollte mit Freude, Musik und einem üppigen Familienessen begrüßt werden. Es ist eine Zeit, in der man feiert und sich auf Glück und Wohlstand für das kommende Jahr konzentriert. **Man sollte** neue Kleidung tragen, denn sie symbolisiert einen Neuanfang.

Eine klangvolle Farbe wie Rot, die für Harmonie, Glück und Wohlbefinden steht, eignet sich hervorragend für diesen Tag.

Vermeiden Sie es, Weiß oder Schwarz zu tragen, während Sie auf das neue Jahr warten, da dies die Farben sind, die man normalerweise zu Beerdigungen trägt.

Um sich auf das chinesische Neujahr vorzubereiten, ist eine Reinigung in Form eines Rituals sinnvoll. Diese Reinigung soll böse Geister abwehren, die sich vielleicht in den Ecken des Hauses verstecken.

In der Regel tauscht man Möbel aus oder stellt sie um, bessert die Farbe in der Wohnung aus, repariert Schäden und putzt die Fenster mit viel Wasser.

Über den Autor

Zusätzlich zu ihren astrologischen Kenntnissen verfügt Alina Rubi über eine umfangreiche berufliche Ausbildung; sie hat Zertifizierungen in Psychologie, Hypnose, Reiki, bioenergetischer Kristallheilung, Engelsheilung, Traumdeutung und ist spirituelle Lehrerin. Sie verfügt über Kenntnisse in Gemmologie, die sie nutzt, um Steine oder Mineralien zu programmieren und sie in kraftvolle Amulette oder Talismane des Schutzes zu verwandeln.

Rubi hat einen praktischen und zielgerichteten Charakter, der es ihr ermöglicht hat, eine besondere und integrierende Vision von mehreren Welten zu haben, dic Lösungen für spezifische Probleme ermöglicht. Alina schreibt die monatlichen Horoskope für die Website der American Assoziation oft Astrologe; Sie können sie unter www.astrologers.com lesen. Zurzeit schreibt sie eine wöchentliche Kolumne in der Zeitung El Nuevo Herald über spirituelle

Themen, die jeden Freitag in digitaler Form und montags in gedruckter Form erscheint. Er hat auch ein Programm und ein wöchentliches Horoskop auf dem YouTube-Kanal dieser Zeitung. Ihr Astrologisches Jahrbuch wird jedes Jahr in der Zeitung "Diario las Américas" in der Rubrik Rubi Astrologa veröffentlicht.

Rubi hat mehrere Artikel über Astrologie für die Monatszeitschrift "Today's Astrologe" verfasst und Kurse in Astrologie, Tarot, Handlesen, Kristallheilung und Esoterik gegeben. Er hat ein wöchentliches Video über Astrologie-Themen auf dem YouTube-Kanal des New Herald. Sie hatte ihre eigene Astrologie Sendung, die täglich auf Flamingo T.V. ausgestrahlt wurde, wurde von mehreren Fernseh- und Radiosendungen interviewt und veröffentlicht jedes Jahr ihr "Astrologisches Jahrbuch" mit dem Horoskop nach Sternzeichen und anderen interessanten mystischen Themen.

Sie ist Autorin der Bücher "Reis und Bohnen für die Seele" Teil I, II und III, einer

Zusammenstellung von esoterischen Artikeln, die in englischer und spanischer Sprache veröffentlicht wurden, "Geld für alle Taschen", "Liebe für alle Herzen", "Gesundheit für alle Körper", "Astrologisches Jahrbuch 2021", "Horoskop 2022", "Rituale und Zaubersprüche für den Erfolg im Jahr 2022 - Zaubersprüche und Geheimnisse", "Astrologie-Kurse", "Rituale und Zaubersprüche 2024" und "Chinesisches Horoskop 2024", alle in sieben Sprachen erhältlich.

Sie hat einen YouTube-Kanal mit Themen zu Psychologie, Esoterik und Astrologie, wo man Videos zu Seelenverwandtschaft, Reinkarnation, Körpersprache, Astralreisen, bösem Blick, Zaubersprüchen und vielen anderen Themen sehen kann.

Rubi spricht perfekt Englisch und Spanisch und kombiniert alle ihre Talente und Kenntnisse in ihren Lesungen. Sie wohnt derzeit in Miami, Florida.

Weitere Informationen finden Sie auf der Website www.esoterismomagia.com.

Angeline A. Rubi ist die Tochter von Alina Rubi. Seit ihrer Kindheit interessiert sie sich für alle esoterischen Themen und praktiziert Astrologie und Kabbala seit ihrem vierten Lebensjahr. Sie verfügt über Kenntnisse in Tarot, Reiki und Edelsteinkunde. Sie ist nicht nur die Autorin, sondern auch die Herausgeberin aller von ihr und ihrer Mutter veröffentlichten Bücher.

Für weitere Informationen kontaktieren Sie sie bitte per E-Mail: rubiediciones29@gmail.com